YVES GEISENBERGER

CANICULE !

RECETTES FRAÎCHEUR POUR TEMPS CHAUD

Éditions SUD OUEST

CANICULE

PRÉFACE

Chers amis, bienvenue dans ce livre de recettes que j'espère rafraîchissant ! Je l'ai conçu pour égayer nos journées caniculaires… C'est, je crois, le premier livre de recettes caniculinaires.™

L'idée m'est venue le 30 juillet 2024, une journée d'exceptionnelle chaleur, alors que j'avais invité des amis fins gourmets à dîner. Que pouvais-je bien leur concocter, moi qui aime les plats mijotés et les grillades à la braise ?

Dans ces pages, vous découvrirez une collection de recettes légères et savoureuses, adaptées à ces journées de grandes chaleurs parce que simples à réaliser et rafraîchissantes à déguster. Je vous invite à les préparer avec des produits de saison, cultivés localement.

Tant qu'à faire, autant que ce livre ne devienne pas un manuel de cuisine à utiliser quotidiennement, mais un ouvrage à consulter avec parcimonie.

Bonne dégustation

Yves Geisenberger

Pour commencer

Pour 8 à 10 personnes
1 verre par personne + un deuxième verre pour................ (je vous laisse mettre le nom de votre copain qui boit un peu trop)

Préparation : 10 minutes
50 cl de gin
2 concombres bio
1 gros bouquet de basilic
1 bouquet de menthe
2 gros citrons bio
40 g de sucre
70 cl de tonic
Plein de glaçons

Le GTM
(pour « Gin-To Masqué »)

Une variation du gin tonic, plus fraîche, plus légère, plus originale, et même plus consensuelle parce que moins amère grâce à l'ajout des herbes fraîches et du sucre.
Prononcez [ʒə tɛm], ou « je t'aime » si vous faites ce cocktail pour un tête-à-tête romantique... mais surtout divisez les quantités par 5 !

1. Mixer les concombres épluchés et le basilic.
2. Filtrer le mélange à l'aide un filtre à café (ou d'un essuie-tout placé dans une passoire).
3. Verser le jus obtenu dans un saladier, ajouter le gin, le jus des citrons et le sucre.
4. Ajouter les glaçons et le tonic.
5. Mélanger à la cuillère et décorer de rondelles de concombre, de citron et de feuilles de menthe.

Mais encore ?
Pressez délicatement mais fermement le mélange concombre-basilic pour extraire plus de goût. Et si vous vous demandez pourquoi le Gin-To est « masqué »... c'est un hommage au *Concombre masqué*, BD du dessinateur Mandryka. « Seul héros 100 % végétal, donc 100 % sain » (dixit l'auteur). En attendant, consommez ce cocktail avec modération même s'il est au final assez léger.

Pour 8 personnes
Préparation : 10 minutes
20 cl de limoncello
La même quantité d'eau gazeuse
1 gros citron
1 orange
(ou 1 c. à c. de sucre)
Plein de glaçons
1 bouteille de champagne, crémant ou prosecco

Ou cava, blanquette de Limoux, vouvray pétillant, sekt, franciacorta... bref, il faut que ce soit blanc, effervescent, sec, et bon.

Le Frozen Lemon Spritz

Mettez vos invités en FLS (Frozen Lemon Spritz, vous aviez compris) grâce à ce Spritz moins sucré et rafraîchissant. Un peu comme un Spritz au limoncello mais givré. Ce cocktail pourrait figurer dans la rubrique dessert de ce livre, n'hésitez pas à le servir en fin de repas. Avec modération bien sûr, mais aussi des noix de cajou par exemple.

1. Mélanger le limoncello, les jus de citron et d'orange.
2. Ajouter l'eau gazeuse.
3. Ajouter le vin effervescent.
4. Verser dans le bol du mixer rempli au tiers : vous devrez procéder en plusieurs fois car il faut...
5. ... Ajouter le même volume de glaçons.
6. ... Mixer et servir rapidement.

Mais encore ?
À réserver plutôt pour les repas informels, où les invités traînent avec vous dans la cuisine : il faut en effet procéder en plusieurs fois, « à la demande », pour éviter que la glace ne fonde.

Une bonne occasion de finir ce limoncello qu'on vous a offert il y a trois ans et qui prend de la place dans le placard. Et si vous voulez faire du bon limoncello maison, il faudra attendre que je publie *Recettes d'Italie*, dont la date de parution est très hypothétique.

Pour 2 personnes
(les capitaines de soirée par exemple)
Préparation : 5 minutes

1 cm de gingembre frais râpé
1 bonne pincée de curcuma en poudre

1 mangue mixée en purée
25 cl de kombucha (au gingembre idéalement)
Glaçons

Le Sobrami

Il est amusant parfois de créer des préparations dont il est difficile de distinguer les ingrédients. C'est le cas ici, et faire deviner ce qui compose le Sobrami peut aider à briser la glace lors d'un début de soirée un peu laborieux. C'est donc le cocktail idéal pour les soirs ou les collègues viennent dîner. Ou les nouveaux voisins qui ont l'air un peu stricts. Ou le curé du village. Ou un sobre ami, puisque c'est un cocktail sans alcool.

1. Dans un bol, shaker ou autre verre doseur, mélanger gingembre, curcuma et chair de mangue mixée.
2. Ajouter les glaçons.
3. Ajouter le kombucha.
4. Bien mélanger.

Mais encore ?
Le kombucha est une boisson fermentée un peu acide. Elle est préparée grâce à une culture de bactéries et de levures intégrées à une base de thé noir, légèrement sucrée. Certains experts pensent que c'est bon pour la santé, d'autres pensent que c'est mauvais pour la santé. Beaucoup pensent que c'est juste bon au goût et que ça change. Je fais partie de ces experts-là.

Pour 4 à 6 personnes
Préparation : 5 minutes
8 citrons jaunes bio
4 citrons verts bio

60 g de sucre
1.5 l d'eau
Plein de glaçons

Vous pouvez préparer des glaçons à la menthe en plaçant quelques feuilles de menthe fraîche dans les compartiments avant de mettre l'eau.

La citronnade « Man-U 93 »

*Prononcez « Maniou », pour Manchester United.
Parfois les recettes les plus simples sont les meilleures.
Et même si vous n'avez pas besoin d'un livre pour faire une citronnade, si cette page vous donne l'idée, l'envie, c'est déjà bien. Et si cette boisson devient une tradition du premier jour des vacances d'été comme l'avait institué mon père... vous créerez pour vos enfants un magnifique souvenir gustatif. (Pour qu'il soit aussi fort que le mien, il faudrait avant faire 1000 km en 505 Peugeot, en écoutant du Charles Trénet sur un autoradio... je peux vous dire que cette citronnade avait pour nous un goût de libération.)
Et pourquoi « Man-U 1993 » ? Parce qu'en 1993, Umbro® a édité un maillot jaune et vert pour l'équipe de Manchester United. Un maillot collector porté par « King Éric » lui-même. Était-ce un hommage à cette recette aux citrons verts et jaunes ou aux couleurs d'origine du club... ?
Les avis sont partagés.
En tout cas, il faut mettre deux fois plus de citrons jaunes que de verts. Et Cantona que des citrons jaunes ? C'est très bon aussi !*

1. Presser les citrons.
2. Mélanger avec le sucre, l'eau, ajouter les glaçons.
3. Servir rapidement.

Mais encore ?
Le nom de cette recette m'a été inspiré par une scène vécue à Cologne, un soir, devant une baraque à frites... « *Einmal pommes FC* » a demandé la personne devant moi. À ma demande, il m'expliqua que *pommes = frites*, et que *FC* faisait référence au « FC Köln », le club de foot local. Qui joue avec un maillot rayé blanc et rouge, couleurs du fameux combo ketchup/mayo très prisé en Allemagne.
Donc « pommes FC » voulait dire frites avec ketchup et mayo.

Pour grignoter

Et je sers ça avec quoi ?
Tant qu'à faire dans l'originalité… c'est l'occasion de (faire) découvrir le vin orange. Le muscat de macération *Orenji* du Mas Foulaquier à Pic Saint-Loup est un bon représentant de cette tendance.

Pour 8 personnes
(vous devriez pouvoir faire 16 sashimis)
Préparation : 2 heures avec plein de temps pour faire autre chose en même temps

¼ de pastèque (⅓ si elle est petite)
2 c. à s. de sauce soja
2 c. à s. de vinaigre de cidre
1 c. à c. d'huile de sésame
1 c. à c. de wasabi

2 feuilles de nori
(c'est bon aussi sans, mais le nori ajoute une complexité intéressante)
2 cébettes
coriandre fraîche
graines de sésame

Le sashimi de pastèque

Un des avantages de l'augmentation du nombre de végétariens, ce sont les efforts que font les chefs ex-viandards (ou « poissonnards » dans ce cas précis) pour accommoder les fruits et légumes avec des inspirations venues de l'univers des protéines animales. Je ne sais pas qui le premier eut l'idée du sashimi de pastèque, mais c'est brillant. Et cette version est bonne et surprenante.

1. Découper des morceaux de pastèque rectangulaires.
2. Les faire mariner 1 h dans un bol avec la sauce soja, le vinaigre de riz, le wasabi et les feuilles de nori.
3. Placer les morceaux de pastèques marinés sur une plaque recouverte de papier cuisson.
   Enfourner 30 mn à 180 °C.
4. Sortir du four. Glacer avec la marinade restante.
5. Laisser refroidir.
6. Parsemer de cébette émincée.
7. Mettre au frais au moins 30 minutes avant de servir avec de la coriandre fraîche et des graines de sésame.

Mais encore ?
L'avantage, c'est qu'il vous reste ¾ de pastèque, ce qui est parfait pour une canicule (mais je ne pouvais quand même pas mettre une recette de « pastèque crue »). Dégustez-la bien fraîche, telle quelle ou en salade avec des radis, des cébettes, des pistaches, des dés de magret fumé, de la feta et une vinaigrette huile d'olive/vinaigre de Xérès.

Pour 8-10 personnes (ou 4-6 personnes en entrée)
Préparation : 2 heures (le temps de décortiquer le tourteau)
1 tourteau ou 4 pinces (plus faciles à décortiquer)
8 à 10 radis ou ⅓ de gros radis noir
½ pomme granny smith
15 cl de mayonnaise maison (idéalement avec du citron vert à la place du vinaigre et de l'huile de pépins de raisin
Mais ça sera bon avec une mayonnaise normale aussi (tant qu'elle est faite maison et qu'elle contient une bonne cuillerée de moutarde de Dijon)
Piment d'Espelette
2 sucrines

Le triple Ra
(cRAbe gRAnny RAdis)

À servir en salade ou en bouchées apéritives chic. En écoutant Bad Romance, *de Lady Gaga, le passage où elle chante « Raah, Raah, rah ah aaaah », notamment.*

1. Cuire le crabe : le plonger vivant – après l'avoir étourdi 20 min au congélateur si possible – dans de l'eau bouillante avec 20 g de sel/l, quelques grains de poivre et une feuille de laurier. Laisser cuire 17 min par kg, le décortiquer et réserver la chair.
2. Couper les radis et la pomme en mini-dés (environ 3 mm)
3. Mélanger tous les ingrédients avec la mayonnaise.
4. Défaire des belles feuilles de sucrines et les garnir cuillère de salade au crabe, saupoudrer d'un peu de piment d'Espelette et servir.

Mais encore ?
Oui décortiquer le crabe c'est casse-pieds mais cette recette est délicieuse ! Si cela vous rebute, vous pouvez utiliser des crevettes coupées en dés, voire une bonne boîte de chair de crabe. Et vous pouvez ajouter un peu de coriandre fraîche dans la salade si tout le monde aime ça.

Et je sers ça avec quoi ?
Un rosé aromatique, avec de la matière, comme le rosé de Julien Ilbert du domaine Combel La Serre, qui produit à Cahors un admirable vin qui se devait de figurer dans ce livre vu son joli nom : *L'antidote à la chaleur*.

Les entrées

Et je sers ça avec quoi ?

Pas évident. Sans doute de l'eau finement pétillante. Mais vous pouvez aussi proposer un petit verre de Sherry Fino Classic Dry Jerez DO - Fernando de Castilla. Ce Jerez sec (ou tout autre bon sherry sec – demandez à votre caviste) est aussi polarisant que le gaspacho, mais ces deux extrêmes (le doux et le très dry) se complètent très bien. Vous pouvez y ajouter des glaçons pour faire ressortir le fruit.

Pour 4 personnes
Préparation : 45 minutes
Repos : 2 heures au frais minimum

4 poivrons rouges
400 g de cerises bien mûres
4 c. à s. d'huile d'olive

Jus d'1 citron
1 belle gousse d'ail
1 c. à s. de paprika
Sel, poivre au goût

Gaspachaud cerises poivrons

Autant je vous encourage à vous amuser à varier les proportions et ingrédients pour les autres recettes, autant je vous conseille de les respecter scrupuleusement pour celle-ci. Vous découvrirez avec cette recette à l'équilibre subtil une saveur que je trouve pour ma part douce et envoûtante.

1. Enfournez les poivrons (four préchauffé à 200 °C, chaleur tournante plus gril) et laisser cuire 40 min, en retournant jusqu'à ce que la peau soit noircie.
2. Éplucher, épépiner puis laisser refroidir complètement.
3. Peler et dégermer la gousse d'ail.
4. Réserver un peu de poivron coupé en dés et 4 cerises entières. Dénoyauter les autres. Les mixer avec la chair de poivron, l'ail, le jus de citron et le paprika.
5. Verser dans des verrines et réfrigérer pendant 2 h au minimum.
6. Arroser les gaspachos d'un trait d'huile d'olive, ajouter quelques dés de poivron et de cerise, les assaisonner, et déposer une cerise entière.
7. Servir avec quelques tranches de pain grillé frotté à l'ail frais.

Mais encore ?

Oui, ça ne s'écrit pas comme ça gaspacho… mais ça devrait. Eh oui, cette recette n'est pas forcément meilleure que le traditionnel gaspacho a la tomate, à retrouver plus loin dans le livre… mais il est bien plus original.

Pour 6 à 8 personnes
Préparation : 20 minutes
Repos : 2 heures au frais

500 g de bar (ou daurade, lotte...) désarêté super frais

250 g de tomates cerises

Quelques brins de persil plat haché

Quelques brins de coriandre hachée

10 cl de lait de coco

15 cl vinaigre de vin blanc

3 c. à s. de sauce soja salée

½ oignon rouge finement émincé

Le jus de 3 citrons verts

1 petite gousse d'ail hachée (facultatif)

Sel et poivre

Viens goûter à mon ceviche

Ce sont des immigrants japonais qui auraient créé cette recette au Pérou. Un vrai cadeau pour le monde. Même les jours sans canicule.

Cette recette est une base, vous pouvez jouer avec, remplacer le lait de coco par du jus de fruit de la passion par exemple, ajouter du poivre de Sichuan, du citron jaune, etc.

1. Mélanger le bar avec le vinaigre. Laisser mariner au frais pendant 30 min, puis rincer et sécher.
2. Couper les tomates cerise en 4.
3. Verser le lait de coco dans un bol, puis ajouter le bar, les tomates, la coriandre et le persil hachés très finement, l'oignon finement émincé, la sauce soja et le jus de citron.
4. Mélanger bien et assaisonner de sel et de poivre.
5. Réfrigérer le ceviche jusqu'au moment de servir (pas plus de 2 h idéalement).

Mais encore ?

Le titre de cette recette est un hommage à une célèbre (enfin... localement célèbre) chanson du carnaval de Dunkerque. Viche, viche viche... viens jouer avec mon viche... Aucun rapport avec la recette mais un clin d'œil à nos lecteurs du Nord.

Et je sers ça avec quoi ?
Un blanc vif et acidulé, tel que l'*Albarino* de la Maison Laurent Miquel. Il offre une belle minéralité et une salinité rafraîchissante qui s'harmonisent bien avec le ceviche.

Et comme accompagnement, vous pouvez faire des grosses frites de patates douces (coupées en quarts, arrosées d'huile d'olive, sel poivre, et cuites 40 minutes au four à 180 °C).

Pour 3-4 personnes
Préparation : 30 minutes
Repos : 3 heures

1 grosse laitue (ou 2 petites)
1 gros bouquet de persil plat
1 oignon doux
1 gousse d'ail (optionnel)
1 petite pomme de terre (pour une texture plus veloutée)
2 c. à s. d'huile d'olive
Le jus d'½ citron
Sel et poivre
1 l de bouillon de légumes
1 c. à s. de crème fraîche épaisse (facultatif)

Soupe froide laitue/persil

Une dose de verdure délicieuse et saine.

1. Laver soigneusement la laitue et le persil. Éplucher et émincer l'oignon, l'ail et la pomme de terre.
2. Dans une casserole, faire revenir rapidement l'oignon et l'ail dans un filet d'huile d'olive. Ajouter la pomme de terre pelée et coupée en morceaux, puis verser le bouillon de légumes. Laisser mijoter environ 10 min, jusqu'à ce que la pomme de terre soit tendre. Ajouter la laitue et le persil dans le bouillon chaud, puis laisser encore cuire juste 2 min pour conserver leur couleur vive.
3. Retirer du feu et mixer la soupe jusqu'à obtenir une texture lisse et crémeuse. Ajouter le jus de citron et la crème fraîche, saler et poivrer.
4. Laisser refroidir à température ambiante, puis placer au réfrigérateur pendant au moins 3 h pour une soupe bien fraîche.
5. Servir la soupe froide dans des bols, ajouter un filet d'huile d'olive, et, pourquoi pas, quelques feuilles de persil frais, des petits cubes de pomme verte (Granny Smith) et des croûtons dorés.

Mais encore ?
Une recette qui me vient directement de ma maman que j'embrasse fort. Elle nous la fait plutôt chaude l'hiver, et c'est tout aussi délicieux. Hors sujet dans ce livre mais délicieux.

Et je sers ça avec quoi ?
Un chenin léger, comme la cuvée *Beaudoin* de François Chidaine, orfèvre des vins de Loire.

Pour 4 à 6 personnes
Préparation : 15 minutes
1 botte de radis avec fanes
100 g de beurre ½ sel
Sel
1 pain noir ou aux graines (plus il est noir et s'approche du Pumpernickel mieux c'est) tranché

Tartine de radis

C'est tout simple mais bon, sain, et cela permet d'utiliser les fanes de radis qui l'hiver sont aussi très bonnes dans une soupe de légumes (il faut juste les faire cuire longtemps). Cette tartine accompagne très bien le ceviche (voir page 18) pour un déjeuner faussement simple et d'autant plus chic.

1. Couper les radis en tranches à l'aide d'une mandoline.
2. Laver soigneusement 1 poignée de fanes et les hacher très finement.
3. Mélanger le beurre et les fanes hachées. Passer éventuellement le tout au mixeur pour un mélange parfaitement homogène. Le mieux est de préparer ce beurre un peu à l'avance et de le réfrigérer pour qu'il retrouve sa fermeté.
4. Étaler sur les tartines et couvrir de tranches de radis.
5. Saler légèrement et servir.

Mais encore ?
Très bon aussi avec un gros radis noir épluché. Idéalement, il faut saler les tranches un peu à l'avance pour leur faire perdre un peu d'eau.

Ces tartines au radis sont souvent servies dans les bars à bière de Bavière, sans le beurre de fanes hélas.

Et je sers ça avec quoi ?
Un cidre brut, comme celui de la maison Kystin à Vannes (dont il faut aussi goûter le cidre à la châtaigne avec un dessert aux pommes). Ou l'*Albarino* de Laurent Miquel si comme suggéré vous combinez cette tartine avec le ceviche.

Pour 4 à 6 personnes
Préparation : 20 minutes

1 botte d'oignons nouveaux

1 poivron vert, en dés

1 poivron rouge, en dés

1 concombre pelé, coupé en quatre dans le sens de la longueur

Persil plat frais

100 g de feta (ou de Sirené)

3 tomates, en cubes

100 g de poivron rouge grillé, en conserve

100 g d'olives Kalamata (noires en tout cas) dénoyautées

½ c. à c. de sel + ½ c. à c. de poivre moulu

4 c. à s. de vinaigre

4 c. à s. d'huile d'olive

Salade šopska (ou chopska)

Cette jolie découverte de voyage est idéale en entrée ou en accompagnement de côtelettes d'agneau grillées. Mettez la feta au frais et essayez de la râper avec une râpe à gros trous, c'est cela qui donne son originalité à la recette. En Bulgarie, on utilise plutôt le Sirené, fromage proche de la feta mais plus ferme donc plus facile à râper. Si vous en trouvez…

1. Couper en dés les tomates et le concombre.
2. Couper en petites lamelles les tiges et le bulbe des oignons.
3. Émincer les herbes, couper le poivron en petits morceaux.
4. Bien mélanger tous les ingrédients à l'exception du fromage et réserver 15 min au frais.
5. Juste avant de servir, parsemer de feta râpée.

Mais encore ?

Blanc, vert, rouge… Ce sont les couleurs du drapeau bulgare que l'on retrouve dans cette masterclass, la šopska salata ou salade chopska. Les Italiens on fait pareil avec le trio tomates/mozza/basilic pour la salade Caprese que le monde entier connaît… Goûtez cette salade et vous verrez que la chopska mérite autant de succès.

Et je sers ça avec quoi ?
Un chiroubles léger et fruité comme celui de Laurent Gauthier.

Et je sers ça avec quoi ?
Un muscadet bien vif comme la *Cuvée les pierres blanches* de chez Luneau Papin.

Pour 8 personnes en entrée ou 4 en déjeuner léger
Préparation : 30 minutes

8 galettes de riz (les grandes)
1 boîte de sardines (à l'huile d'olive)
50 g de vermicelles de riz
1 carotte
½ concombre (coupé en fines lamelles)
Quelques feuilles de salade (type sucrine ou laitue)
Quelques feuilles de menthe fraîche
Quelques brins de coriandre
1 citron vert (pour le jus)
Sauce soja ou nuoc-mâm (pour accompagner, si vous n'avez pas la mayonnaise « retour d'Asie »)

Rouleau de printemps

Un très bon moyen d'utiliser le reste de sauce mayonnaise « retour d'Asie » de la recette de Tataki (voir page 28).

1. Préparer les vermicelles de riz selon les indications du paquet. Éplucher la carotte et la couper en julienne (fines lamelles). Couper le concombre en julienne également. Saler. Laver la salade et les herbes (menthe et coriandre). Égoutter les sardines et retirer l'arête centrale si nécessaire Tremper rapidement une galette de riz dans de l'eau tiède pour la ramollir. La déposer sur une assiette mouillée.

2. Au centre de la galette, un peu vers le bas, déposer une petite feuille de salade, quelques vermicelles de riz, des bâtonnets de carotte et de concombre, des feuilles de menthe et de coriandre. Ajouter une demi-sardine par-dessus. Replier les côtés de la galette vers le centre, sur la garniture, replier le bord du bas par-dessus puis rouler fermement. Répéter avec les autres galettes de riz.

3. Servir avec une sauce à base de sauce soja diluée avec un jus de citron vert, ou la mayonnaise « retour d'Asie ».

Mais encore ?
Original, bon, frais, facile à faire (même si le roulage du rouleau demande un certain tour de main). Une bonne idée que je dois à Yves Camdeborde (célèbre chef qui a grandement contribué à l'essor de la bistronomie en France), qui avait parlé d'une recette similaire à la radio. Je l'en remercie, ainsi que pour « l'ensemble de son œuvre » (ses adresses parisiennes sont toutes très bien).

Pour 8 personnes en belle entrée bien servie
Préparation : 30 minutes
Repos : 1 heure au frais

600 g de rumsteck coupé en une tranche très épaisse (5 cm). Ou autre partie peu grasse et tendre, demandez à votre boucher

1 poignée de pousses d'alfafa ou ½ gros radis noir râpé

1 bouquet de coriandre

½ c. à café de poivre moulu

½ c. à café de sel

Sauce mayonnaise « retour d'Asie »

1 jaune d'œuf

Le jus d'un citron vert (½ s'il est très juteux)

1 c. à c. de wasabi

2 c. à s. de vinaigre de cidre

Huile neutre (arachide, tournesol…)

3 c. à s. de sauce soja salée

Tataki de bœuf

La sauce de cette recette est délicieuse, et vous pouvez également l'utiliser pour un tataki de thon rouge ou de saumon, voire sur des crudités. Ce qui tombe bien car il vous en restera pour agrémenter vos assiettes pendant trois jours (ne pas conserver la sauce plus longtemps).

1. Préparer la mayonnaise comme une mayonnaise classique, le wasabi remplaçant la moutarde, et la sauce soja le sel (veiller à ajouter la sauce soja à la fin, elle va liquéfier un peu la mayonnaise, c'est voulu) Râper le radis blanc et saler. Laisser reposer. Couper le rumsteck en bandes de 5 cm de large pour obtenir des parallélépipèdes rectangles de 5 cm de côté.
2. Saisir chaque face de ces bandes 15 secondes sur une poêle ultra-chaude.
3. Laisser refroidir au moins 1 h au réfrigérateur pour figer la viande.
4. Couper le bœuf en tranches les plus fines possibles. Disposer dans un plat les pousses d'alfalfa (ou le radis râpé), les tranches de bœuf et verser la sauce par-dessus.

Mais encore ?

La mayonnaise « retour d'Asie » est délicieuse également avec… Pardon ? Je l'ai déjà dit en introduction ? Peut-être, mais aviez-vous enregistré l'info ?

Et je sers ça avec quoi ?
Un bon champagne bien vineux, tel que la *Cuvée tradition* de Jean Sandrin. Dans les marques plus faciles à trouver, essayez avec le *Ayala Brut Majeur*, l'accord fonctionne aussi très bien.

Salades

Et je sers ça avec quoi ?
Un *Corton Charlemagne* grand cru de chez Coche Dury. Ou, à défaut, un blanc sec et fruité tel que le coteau du Languedoc *Chemin des Olivettes* des Caves de Roquebrun.

Pour 2 personnes
Préparation : 30 minutes
Repos : 1 heure

200 g de semoule de couscous
4 tomates
1 concombre
1 dizaine d'asperges vertes
1 bouquet de persil plat
1 bouquet de menthe fraîche
1 ½ citron (jus)
4 c. à s. d'huile d'olive
Sel, poivre

Taboulé et asperges vertes

Ça fait quelques années maintenant que nous avons décidé en famille de ne manger de la viande que deux, trois fois par semaine. Cette recette rend cette contrainte bien agréable.

1. Verser la semoule dans un saladier, ajoutez 1 verre d'eau froide, le jus de citron, 2 c. à s. d'huile d'olive, sel et poivre. Laisser gonfler 15 min.
2. Égrener à la fourchette et laisser refroidir.
3. Couper les tomates en petits dés. Éplucher et épépiner le concombre, puis le couper en dés.
4. Ajouter les légumes à la semoule, ainsi que le persil et la menthe finement hachés.
5. Ajouter le reste d'huile d'olive, le jus de citron restant, du sel et du poivre. Goûter et ajuster, il faut parfois rajouter du citron. Bien mélanger et laisser reposer au frais au moins 1 h.
6. En parallèle, faire cuire les asperges 8 min dans de l'eau bien salée et servir avec le taboulé.

Mais encore ?
Si la saison des asperges est passée, vous pouvez utiliser des carottes cuites dans l'eau salée puis marquées à la poêle. Dans ce cas ajoutez une cuillère à soupe de cumin en poudre dans l'assaisonnement du taboulé.

Pour 6 personnes
Préparation : 20 minutes

500 g de petits pois frais écossés
1 grosse boule de burrata
1 dizaine de radis
3 cébettes
Quelques feuilles de menthe fraîche
Huile d'olive extra-vierge (de bonne qualité)
1 citron bio (pour le zeste et le jus. Prenez-en 2 si le citron n'est pas très juteux)
Sel, fleur de sel et poivre du moulin

Salade petits pois burrata

Une salade délicieuse, variation d'une recette donnée par François Régis Gaudry, chroniqueur sur France Inter (entre autres), et excellent pourvoyeur de recettes bonnes et faciles à faire. Divine si vous arrivez à vous procurer suffisamment de petits pois frais, auquel cas ayez la main légère sur l'assaisonnement pour profiter de la délicieuse sucrosité du « bonbon du potager ».

1. Faire bouillir de l'eau bien salée. Y plonger les petits pois et laisser cuire 3 min afin qu'ils restent légèrement croquants. Les égoutter et les plonger immédiatement dans un saladier d'eau glacée pour stopper la cuisson et fixer leur belle couleur verte. Égoutter à nouveau.

2. Disposer les petits pois dans un plat de service. Ajouter les radis coupés en rondelles (j'utilise une petite mandoline - outil indispensable à quiconque aime cuisiner). Parsemer de feuilles de menthe coupées finement. Arroser généreusement d'huile d'olive, du jus de citron et de quelques tours de moulin à poivre. Ajouter quelques zestes de citron pour la fraîcheur et une pincée de fleur de sel. Poser la burrata sur le dessus et mélanger au moment de servir.

Mais encore ?
Comme vous allez faire cette salade souvent, vous pouvez, pour varier les plaisirs, ajouter une cuillère à soupe de vinaigre balsamique, des fèves fraîches, remplacer la menthe par de l'estragon ou de l'aneth.

Et je sers ça avec quoi ?
Compliqué, les légumes verts. Un soyeux cabernet franc, tel *Les Rouillères*, AOC Saint-Nicolas-de-Bourgueil du domaine Frédéric Mabileau, peut faire l'affaire.

Pour 6 à 8 personnes
Préparation : 25 minutes

⅓ de chou blanc finement émincé

3 carottes râpées ou coupées en julienne

1 concombre coupé en fines lamelles (sans les graines du centre)

1 poignée de pousses de soja fraîches

1 oignon rouge finement émincé

Herbes fraîches : 1 bouquet de coriandre, de menthe et si vous trouvez de basilic thaï

2 poignées de cacahuètes grillées non salées, concassées (ou de noisettes si comme moi vous êtes allergique aux cahouettes)

1 poignée d'oignons frits (optionnel)

Pour la sauce

3 c. à s. de sauce nuoc-mâm

2 c. à s. de vinaigre de cidre

2 c. à s. de sucre en poudre

Le jus de 2 citrons verts

2 gousses d'ail hachées finement

1 petit piment rouge (épépiné et haché finement, ajustez selon votre goût)

2 c. à s. de sauce soja diluée avec la même quantité d'eau

8 c. à s. d'huile (arachide, tournesol...)

Salade Saïgon

Laissez-moi vous raconter comment j'ai découvert... Ah ? Non, on me demande en régie de ne pas raconter quoi que ce soit dans ce chapitre.... OK. Je ne vous raconte pas de salades alors. En tout cas l'assaisonnement de celle-ci change tout et vous transportera immédiatement ailleurs.

1. Préparer la sauce : dans un bol, mélanger le nuoc-mâm, le sucre, le jus de citron vert, la sauce soja, l'ail, le vinaigre, l'huile et le piment. Remuer bien jusqu'à ce que le sucre soit complètement dissous.

2. Préparer les légumes et les herbes : Émincer finement le chou, râper les carottes, découper le concombre et l'oignon rouge. Laver et effeuiller les herbes fraîches.

3. Assembler la salade dans un grand saladier, ajouter les herbes fraîches ciselées. Verser la sauce sur la salade au moment de servir et bien mélanger. Parsemer généreusement de cacahuètes concassées et d'oignons frits.

Mais encore ?
Vous pouvez remplacer le chou blanc par du chou rouge ou du chou chinois. Et ajouter des blancs de poulet ou des crevettes pour une salade repas...

Et je sers ça avec quoi ?
Une bière bien fraîche.

Pour 5 personnes (oui, pour une fois, une recette pour 5 personnes)
Préparation : 30 minutes
3 courgettes moyennes
200 g de tomates cerises
50 g de parmesan en copeaux (ou de feta émiettée pour une version plus crémeuse)
2 pêches épluchées
1 poignée de pignons de pin grillés (optionnel)
1 poignée de basilic frais
3 c. à s. d'huile d'olive extra-vierge
Le jus d'½ citron
Sel et poivre

Salade de spaghettis de courgettes

Une recette inspirée par celle publiée par Anne Lataillade sur son blog « Papilles & Pupilles », excellente source d'inspiration du quotidien. J'ai eu la chance de travailler avec Anne il y a quelques années, c'est une « belle personne » comme on dit aujourd'hui, je vous recommande son blog.

1. Laver les courgettes et retirer les extrémités. Utiliser un spiralizer (taille-légumes en spirale) pour créer des spaghettis de courgette. Si vous n'en avez pas, utiliser un économe pour faire des tagliatelles fines. Couper les tomates cerises en deux. Couper les pêches épluchées en morceaux. Ciseler le basilic frais.
2. Dans un grand saladier, mélanger les spaghettis de courgette, les tomates cerises, les pêches et le basilic. Ajouter les copeaux de parmesan et les pignons de pin grillés.
3. Mélanger l'huile d'olive, le jus de citron, le sel et le poivre dans un petit bol. Verser la vinaigrette sur la salade et mélanger délicatement. Servir immédiatement ou laisser reposer au réfrigérateur pendant 15 min pour que les saveurs se mélangent bien.

Mais encore ?
Les Anglo-Saxons appellent les spaghettis de courgette **zoodle**, un mot-valise formé à partir de « zucchini » et « noodle » (courgette et nouille en anglais). On comprendra aisément que n'utilisions pas l'équivalent français...

Et je sers ça avec quoi ?
L'excellent Vouvray *Sang de Roche* du Clos Thierrière. À ouvrir avant, à l'apéritif.

Pour 1 personne
Préparation : 15 minutes

Quelques feuilles de sucrine ou de mesclun
1 steak de thon frais d'environ 125 à 150 g
2 pommes de terre grenailles, cuites à l'eau bien salée
2 radis, finement tranchés
½ œuf dur
4 tomates cerises, coupées en deux
80 g de haricots verts extrafins, cuits à l'eau bien salée
Quelques câpres

Pour la sauce
Le jus d'½ citron vert
3 c. à s. de sauce soja salée
1 c. à s. d'huile de sésame
2 c. à s. d'huile d'olive
1 gousse d'ail, très finement hachée

La niçoise un peu nippone

C'est une salade repas inspirée par la salade niçoise auquel s'ajoute l'umami d'une vinaigrette asiatique, ainsi que l'élégance du thon frais, à ne consommer que lorsque vous en trouvez issu d'une pêche durable.

1. Faire chauffer une poêle ou un gril avec un filet d'huile d'olive.
2. Saisir le steak de thon 30 s de chaque côté (ou plus selon la cuisson désirée).
3. Disposer les feuilles de salade dans une assiette. Ajouter les haricots verts, les pommes de terre coupées en rondelles, les radis, les tomates cerises et les câpres.
4. Déposer le ½ œuf dur et les tranches de thon par-dessus.
5. Mélanger tous les ingrédients de la vinaigrette.
6. Arroser la salade avec la vinaigrette juste avant de servir.

Mais encore ?
En 2016, le célèbre chef britannique Jamie Oliver a osé revisiter la recette traditionnelle de la salade niçoise en y ajoutant des pommes de terre et des haricots verts ! Sacrilège pour les puristes niçois ! Le maire de Nice, Christian Estrosi, a réagi avec indignation en expliquant sur les réseaux sociaux que la vraie salade niçoise ne contenait pas ces ingrédients. J'avoue que j'aimerais assez que ma vinaigrette asiatique génère autant de buzz.

Et je sers ça avec quoi ?
Un blanc de Cassis tel l'excellent Domaine de la ferme blanche.

Les plats

Et je sers ça avec quoi ?
Il faut éviter de boire seul. Mais si vous ne mangez pas ce délice en égoïste, essayez avec un bon sylvaner d'Alsace, comme celui du domaine Weinbach.

Pour 1 personne
(et 1 belle portion)
Préparation : 25 minutes
120 g de filet de bœuf (ou tranche à fondue, voire de rumsteck)
½ poire bien mûre
1 c. à s. de sucre
1 gousses d'ail réduite en purée
2 c. à s. de blanc de poireau coupé en julienne très fine
1 c. à c. d'huile de sésame torréfiée
2 c. à s. de sauce soja salée
1 cébette
1 c. à s. de noix de cajou (ou de noisettes) torréfiées, grossièrement concassées
Quelques pousses de germes de soja
Coriandre fraîche

Tartare à la coréenne

Ce tartare est tellement bon que je me le prépare parfois pour moi seul. Alors j'ai mis les proportions pour 1 personne. Mais c'est aussi un très beau plat pour un dîner entre amis. Il faudra dans ce cas – vous l'auriez deviné – multiplier les quantités par le nombre de convives.

1. Éplucher et épépiner la poire, puis la découper en morceaux. La faire compoter à feu doux avec 1 le sucre et 1 cuillère d'eau, jusqu'à ce qu'elle soit fondante. Placer la poire dans un mixeur et la réduire en une purée lisse. Réserver.

2. Découper le bœuf au couteau en petits dés afin de conserver de la mâche. Placer le bœuf dans un bol. Ajouter la purée de poire, la sauce soja, l'huile de sésame torréfiée, l'ail ciselé ultra-fin (réduit en purée idéalement) et le blanc de poireau en julienne. Mélanger délicatement afin que chaque morceau de viande soit enrobé de la préparation. Incorporer les noix de cajou concassées. Émincer finement la cébette et l'ajouter au mélange. Mélanger une dernière fois avec délicatesse.

3. Disposer le tartare dans une assiette à l'aide d'un emporte-pièce pour un rendu soigné. Décorer avec quelques pousses de germes de soja et des feuilles de coriandre fraîche.

Mais encore ?
Ça peut marcher avec un quart de poire au sirop de conserve même si c'est dommage. On enlève alors le sucre évidemment.

Pour 6-8 personnes
Préparation : 50 minutes
Réfrigération : au moins 4 heures

4 hauts de cuisses de poulet désossés et sans peau (ou 3 blancs)
2 carottes
1 courgette
4 asperges vertes (ou blanches si c'est la saison, mais ça fait tôt pour une canicule…)
1 blanc de poireau
1 beau bouquet d'estragon frais
500 ml de bouillon de volaille
6 feuilles de gélatine (ou l'équivalent en agar-agar)
200 ml de pineau des Charentes (ou sauternes, gewurztraminer, autre vin blanc, porto…)
Sel et poivre du moulin

Terrine de poulet à l'estragon

Un peu de travail pour cette recette vraiment délicieuse, et avec un petit effet visuel « waouh ». Respectez bien les quantités de gélatine, c'est la partie un peu délicate de la recette. Trop, la gelée devient ferme, désagréable à manger. Pas assez, votre terrine s'écroulera à la découpe.

1. Faire cuire le poulet dans le bouillon de volaille pendant 15 min environ à feu doux. Il doit être juste cuit, surtout pas surcuit. L'égoutter en réservant le bouillon. Assaisonner de sel, poivre et d'estragon ciselé.

2. Préparer les légumes : éplucher les carottes et les couper en deux dans le sens de la longueur. Couper la courgette en quatre. Enlever plusieurs épaisseurs du blanc de poireau pour n'en garder que le cœur bien tendre (pour faciliter la découpe). Éplucher les asperges.

3. Faire blanchir les légumes dans le bouillon de cuisson du poulet (ajouter un peu d'eau et de sel si nécessaire). Mettre d'abord les carottes (9 min), puis les poireaux (7 min), puis les asperges (6 min), puis enfin les courgettes (4 min). Vérifier qu'ils sont cuits à cœur. Égoutter et réserver les légumes (presser le poireau pour enlever l'excédent d'humidité) et le bouillon séparément.

4. Préparer la gelée : ajouter au bouillon réduit le pineau des Charentes. Faire chauffer légèrement et ajouter les feuilles de gélatine préalablement ramollies dans de l'eau froide. Mélanger bien. Monter la terrine : tapisser une terrine de film alimentaire pour faciliter le démoulage. Alterner les couches : une fine couche de gelée, une de feuilles d'estragon, une de poulet, une de légumes. Répéter jusqu'à épuisement des ingrédients. Terminer par des feuilles d'estragon puis une couche de gelée pour bien sceller le tout. Placer la terrine au réfrigérateur pendant au moins 4 h (plutôt une nuit) pour qu'elle prenne parfaitement. Démouler délicatement la terrine sur un plat de service. Servir bien frais, accompagné d'une salade croquante et d'une vinaigrette légère.

Mais encore ?
Vous pouvez évidemment remplacer le poireau par du céleri et l'asperge par du fenouil, ajouter des dés de tomate… Et pour servir j'ajoute une simple sauce faite avec un yaourt crémeux et deux cuillères de moutarde à l'ancienne.

Et je sers ça avec quoi ?
Un trousseau du Jura, fruité et léger, tel le *Côte du Jura* du domaine Frédéric Lambert. À la première gorgée, vous direz « mouais… ». À la troisième « en fait, finalement… » À la cinquième… « on aurait dû en acheter plus ».

Pour 4 personnes
Préparation : 30 minutes
Réfrigération : au moins 2 heures

Si vous faites le gaspacho

1 kg de tomates bien mûres

1 poivron rouge

1 concombre

1 gousse d'ail

1 oignon doux

50 g de pain rassis (facultatif, pour épaissir)

4 c. à s. d'huile d'olive

2 c. à s. de vinaigre de Xérès

Sel, poivre

Ou... 1 bouteille de gaspacho du commerce

Pour les toppings (à ajuster selon vos goûts) :

Petits dés de concombre, poivron, tomate, avocat dans des bols séparés

Croûtons maison, 2 œufs durs coupés en deux

Herbes fraîches : basilic, ciboulette, persil plat

Graines de tournesol ou de courge grillées

Le grand gaspacho

Facile à faire, ludique et sain. Et puis, on ne va pas se mentir... ça m'arrive de le préparer avec un gaspacho du commerce, le Alvalle® classique, qui est très réussi.

1. Éplucher les tomates (les plonger quelques secondes dans de l'eau bouillante). Couper les tomates, le poivron, le concombre, l'ail et l'oignon en morceaux. Mixer le tout avec le pain rassis, l'huile d'olive, le vinaigre, le sel et le poivre jusqu'à obtenir une texture lisse. Ajouter un peu d'eau froide pour ajuster la consistance. Placer au frais au moins 2 h.
2. Préparer les dés d'avocat, de légumes croquants
3. Verser le gaspacho bien frais dans des assiettes ou bols.
4. Ajouter un filet d'huile d'olive, des herbes fraîches, les œufs durs et éventuellement des graines.
5. Laisser les convives se servir en toppings supplémentaires.

Mais encore ?

Vous avez des ados ? Pour un côté encore plus nourrissant, vous pouvez ajouter des pois chiches rôtis au four, de la feta émiettée, ou de la mozzarella, une burrata....

Et je sers ça avec quoi ?
C'est la fête ? Une sangria (1 bouteille de vin rouge + le jus d'1 orange + le jus d'1 citron + 2 c. à s. de sucre + 5 cl de Cointreau + 5 cl de cognac + 1 bonne pincée de cannelle + 33 cl de limonade + des glaçons)

C'est un déjeuner en semaine ? Une eau citronnée.

Pour 6 personnes
Préparation : 20 minutes
2 poivrons rouges
1 gros fenouil
2 courgettes
1 botte d'oignons nouveaux
Herbes fraîches selon votre préférence (persil, ciboulette, cerfeuil, aneth… tout est bon)

Sauce
Huile d'olive
Le jus d'1 citron
1 c. à s. de miel
1 c. à s. de moutarde
1 c. à c. rase de cumin
1 c. à c. de paprika fumé
sel, poivre

Salade aux légumes grillés

Il fait chaud et il va quand même falloir utiliser la plancha, ou la poêle… mais tôt le matin, afin de laisser les légumes refroidir avant d'en faire une délicieuse salade.

1. Allumer le gril du four ou la plancha, ou préparer une poêle-gril.
2. Couper les légumes en tranches épaisses. Les badigeonner d'huile d'olive et les assaisonner.
3. Les faire griller jusqu'à ce qu'ils soient tendres et légèrement marqués. Les retourner à mi-cuisson. Les oignons nouveaux cuisent plus longtemps.
4. Dans un grand plat, disposer les légumes grillés refroidis. Ajouter les herbes fraîches ciselées.
5. Dans un bol, mélanger le jus de citron, le vinaigre de vin rouge, la moutarde et le miel jusqu'à ce que le tout soit bien homogène.
6. Ajouter l'ail pressé, le cumin et le paprika fumé, puis incorporer lentement l'huile d'olive en fouettant.
7. Ajouter les herbes fraîches hachées à la fin, puis assaisonner. Ajouter de la mozzarella di buffala et des croûtons pour un plat plus complet.

Mais encore ?
Vous pouvez aussi mettre une aubergine. Et ajouter une tomate crue en tranches pour plus de fraîcheur… De la roquette… bref, encore une bonne façon de faire le plein de légumes.

Et je sers ça avec quoi ?
Un rosé avec un peu de corps, tel le costière de Nîmes *Clos des centenaires* de Luc Baudet.

Pour 8 personnes
Préparation : 1 bonne heure
1,2 kg de saumon frais sauvage (ou de dos de cabillaud si vous avez renoncé au saumon)
500 g de crevettes cuites
8 pinces de tourteau cuits
12 œufs de caille
500 g de haricots verts frais
6 carottes nouvelles
8 pommes de terre type ratte
1 petit chou-fleur
3 petites courgettes bio
2 petits fenouils
1 botte de radis
2 c. à s. d'huile d'olive
1 poignée de gros sel, sel et poivre

Pour l'aïoli
35 cl d'huile d'olive
6 gousses d'ail
1 jaune d'œuf
Le jus d'½ citron
Sel et poivre

Aïoli royal (au poisson frais)

Il paraît que le couscous royal est une invention de Parisiens qui n'y connaissent rien et que ça ne fait aucun sens de mettre autant de viandes différentes. Peut-être. Mais c'est bon. Cet aïoli royal, c'est un peu pareil, pas le truc de puriste, mais d'autant plus plaisant à déguster. Pocher le saumon dans un court-bouillon ou de l'eau salée 10 min puis laisser refroidir. Faire durcir les œufs de caille 3 min dans de l'eau bouillante. Les écaler. Faire cuire les pommes de terre et les carottes dans de l'eau bouillante salée et poivrée 10 min.

1. Pendant ce temps, équeuter les haricots verts. Peler les courgettes en laissant une lanière de peau sur deux et les couper en morceaux. Partager les fenouils en deux. Ajouter ces légumes aux autres et laisser cuire 10 min supplémentaires. Égoutter le tout. Faire cuire le chou-fleur en bouquets à part 15 min dans de l'eau bouillante salée. Nettoyer les radis.
2. Préparer l'aïoli : éplucher l'ail, l'écraser au pilon dans un mortier. Ajouter le jaune d'œuf et le sel. Verser 5 cl d'huile en filet en tournant toujours dans le même sens. Verser alors 1 c. à c. d'eau et le jus de citron. Continuer de monter l'aïoli. Saler, poivrer.
3. Disposer dans un très grand plat les légumes, le saumon, les crevettes, les pinces de tourteau et les œufs. Servir avec l'aïoli dans un joli bol.

Mais encore ?
« L'aïoli concentre dans sa saveur l'âme du Midi, car c'est le plat où l'ail règne en maître, et il ne se mange jamais seul : il exige la fraternité. » (Marcel Pagnol). J'ai du mal avec la morue séchée, d'où cette version avec du poisson frais.

Et je sers ça avec quoi ?
Un bandol rosé, j'aime beaucoup celui du domaine de la Bégude.

Pour 6 personnes
Préparation : 20 minutes

700 g d'aile de raie (environ)

400 g de haricots verts extrafins frais (les surgelés ne sont pas bons en salade)

10 tomates cerises

2 échalotes

Quelques pignons de pin

4 c. à s. de vinaigre blanc (pour la cuisson de la raie)

1 c. à s. de moutarde à l'ancienne (ou classique)

Vinaigre de framboise ou à défaut de Xérès

Huile d'olive

Gros sel (pour la cuisson de la raie et des haricots) et poivre en grains

Sel fin

Salade de haricots verts à la raie

Une version recréée de mémoire après avoir goûté une salade-repas similaire au restaurant Chez Eugénie *à Biarritz. Et dans Eugénie il y a génie.*

1. Faire cuire les ailes de raie dans une casserole d'eau bouillante bien salée avec quelques grains de poivre noir et le vinaigre blanc pendant 10 min.
2. Égoutter, retirer la peau pendant que la raie est encore chaude et effilocher la chair.
3. Plonger les haricots verts dans une casserole d'eau bouillante bien salée pendant 7 min.
4. Les rafraîchir dans un saladier d'eau glacée pour conserver leur couleur (pour les puristes... Je reconnais ne pas le faire souvent).
5. Couper les tomates cerises en deux. Émincer les échalotes finement.
6. Mélanger la moutarde à l'ancienne, un filet de vinaigre de framboise, du sel, du poivre et l'huile d'olive.
7. Disposer les haricots verts dans un plat. Ajouter les morceaux de raie effilochée, les demi-tomates, l'oignon et l'échalote.
8. Arroser de vinaigrette et parsemer de pignons de pin.

Mais encore ?
J'agrémente parfois cette salade de quelques chips de jambon cru séché au four et de croûtons poêlés au beurre.

Et je sers ça avec quoi ?
Un irouléguy blanc tel que l'*Albedo blanc* de la maison Brana.

Et je sers ça avec quoi ?
Un chardonnay de bourgogne. J'aime beaucoup celui du domaine du Clos Salomon, Montagny, *Le Clou.*

Pour 6 personnes
Préparation : 20 min
Réfrigération : 3 heures minimum

500 g de saumon frais
250 g de saumon fumé
3 œufs
20 cl de crème fraîche liquide
4 fonds d'artichaut
Estragon
2 c. à s. de graines de fenouil (ou coriandre)
Zeste d'1 citron bio
2 c. à s. de sel
Poivre du moulin

Terrine de saumon à l'artichaut

Si comme moi vous n'êtes a priori pas fan des terrines de poisson…. goûtez celle-ci et vous changerez peut-être d'avis.

1. Préchauffer le four à 180 °C (th. 6) et enfourner un bain-marie (plat rempli d'eau bouillante).
2. Faire cuire les fonds d'artichaut dans de l'eau bouillante salée 10 min environ.
3. Découper le saumon frais et fumé en morceaux. Les placer dans le bol d'un mixeur avec les graines de fenouil, les œufs, la crème et le zeste de citron. Saler, poivrer et mixer sans insister, il doit rester des morceaux.
4. Couper les fonds d'artichaut cuits en cubes et les mélanger à la préparation.
5. Verser dans un moule à cake, le placer dans le bain-marie et enfourner 50 min.
6. Retirer la terrine du four et la laisser refroidir à température ambiante avant de la réserver au réfrigérateur 3 h minimum avant de servir.

Mais encore ?
Si vous utilisez des fonds d'artichaut surgelés, il vous en restera : mixés avec une pomme de terre, de l'eau, un bouillon cube et une cuillère de crème fraîche… ça fait une super soupe. Cadeau.

Pour 6 personnes
Préparation : 25 minutes
Réfrigération : 2 heures minimum

1 gros fenouil
2 courgettes
4 tomates bien mûres
1 poivron rouge + 1 poivron vert
2 oignons jaunes
3 gousses d'ail
6 c. à s. d'huile d'olive extra-vierge
1 c. à s. d'origan séché
Quelques feuilles de basilic frais
1 c. à s. de vinaigre balsamique (optionnel)
6 œufs
Sel, poivre

Ratafouille, œuf poché

« La Ratafouille est une recette traditionnelle de France, née en 2024, à La Rosière, à l'occasion de la rédaction du livre Canicule ! *N'étant pas grand fan de l'aubergine dans la ratatouille froide, l'auteur eut l'idée géniale de la remplacer par du fenouil. Et de baptiser cette ratatouille au fenouil Ratafouille ».*

1. Laver et couper les fenouils et courgettes en dés, épépiner les poivrons et les couper en lamelles. Émincer les oignons et hacher l'ail. Ébouillanter les tomates pour les peler facilement, puis les couper en dés.
2. Dans une cocotte, faire revenir les oignons et l'ail avec 2 c. à s. d'huile d'olive. Ajouter les poivrons et les faire revenir pendant 5 min. Ajouter le fenouil et les courgettes avec un peu d'huile d'olive. Poursuivre la cuisson pendant 10 min. Ajouter enfin les tomates et l'origan. Assaisonner et laisser mijoter à feu doux pendant 40 min, en remuant régulièrement. Laisser refroidir à température ambiante puis réserver au réfrigérateur pendant 2 h mini.
3. Préparer les œufs mollets : 5 min dans l'eau bouillante puis rinçage à l'eau froide.
4. Avant de servir, écaler les œufs, ajouter un filet d'huile d'olive à la ratafouille ainsi qu'un léger trait de vinaigre balsamique si vous le souhaitez. Laisser chaque convive ouvrir l'œuf sur son assiette.

Mais encore ?
Vous pouvez très bien ajouter des aubergines, et même des câpres.

Et je sers ça avec quoi ?
Si c'est le début du mois et qu'il vous reste des sous : un *Clos Canarelli* rosé de Corse.

Pour 6 à 8 personnes
Préparation : 20 minutes

4 c. à s. d'huile d'olive

5 courgettes

3 gousses d'ail hachées (facultatif. Si vous n'aimez pas l'ail, remplacez-le par quelques feuilles de menthe ciselée pour une version plus « fraîche » de cette terrine)

100 g de comté râpé

3 c. à s. de farine

4 œufs

1 bouquet de basilic ciselé

1 yaourt crémeux (ou 100 g de crème fraîche)

2 c. à s. de moutarde à l'ancienne

1 c. à s. de concentré de tomates

Sel et poivre

Terrine de courgettes

Facile à faire, délicieuse tiède ou froide, et facile à démouler si vous utilisez un moule en silicone.

1. Couper 4 courgettes en cubes.
2. Les cuire doucement à l'huile d'olive 30 min en remuant régulièrement. Ajouter le basilic en fin de cuisson. Saler et poivrer.
3. Battre les œufs séparément, en ajoutant la farine et le comté.
4. Mélanger les courgettes cuites aux œufs.
5. Couper la courgette restante en fines rondelles et les faire revenir quelques instants à la poêle avec un peu d'huile d'olive.
6. Tapisser une terrine avec ces rondelles puis ajouter la préparation courgettes/œufs.
7. Mettre dans un four préchauffé a 180 °C – dans un bain-marie – puis laisser cuire 50 min. Laisser refroidir.
8. Préparer la sauce en mélangeant le yaourt crémeux à la moutarde et au concentré de tomates. Démouler la terrine de courgettes et la servir avec la sauce crème moutardée.

Mais encore ?
Vous pouvez remplacer le comté par un fromage frais à l'ail et fines herbes. Ne mettez pas l'ail dans ce cas-là.

Et je sers ça avec quoi ?
Pour accompagner cette terrine au goût assez doux, (re) découvrez le sous-estimé *Château de Sales*, un Pomerol qui a fait d'immenses progrès récemment.

Pour 3 personnes
Préparation : 20 minutes
4 œufs
3 c. à s. de sauce soja
1 cm de gingembre
1 gousse d'ail hachée très fin (c'est bon aussi sans, mais moins)
1 c. à c. de mirin (ou de sucre)
1 c. à s. d'huile de sésame
Poivre concassé
Ciboulette

Omelette japonaise
(tamagoyaki)

Plus facile à réaliser que de mémoriser le nom japonais. Ça vaut le coup d'investir dans une petite poêle faite exprès (rectangulaire, disponible pour à peine deux fois plus que ce livre sur les sites marchands). Bien aussi pour un apéro dînatoire, un pique-nique...

1. Dans un grand bol, battre les œufs avec la sauce soja, le mirin et la ciboulette ciselée jusqu'à ce que le mélange soit homogène. Faire chauffer la poêle à feu moyen et verser une petite quantité d'huile, puis essuyer l'excédent avec un papier absorbant. Faire revenir quelques instants l'ail et le gingembre. Verser une fine couche du mélange dans la poêle, juste assez pour couvrir le fond. Incliner la poêle pour bien la répartir et obtenir une crêpe épaisse. Lorsque les bords commencent à prendre (mais que le centre est encore légèrement liquide), commencer à rouler l'omelette vers vous, en la poussant avec une spatule en silicone. Une fois le rouleau formé, le déplacer vers le fond de la poêle.
2. Verser un peu plus de mélange dans la poêle en veillant à bien en recouvrir tout le fond, y compris sous le rouleau déjà formé. Rouler à nouveau l'omelette sur elle-même pour obtenir un rouleau supplémentaire. Répéter cette opération jusqu'à ce que tout le mélange soit utilisé (soit 3 à 4 couches).
3. Une fois l'omelette cuite, la retirer de la poêle et la laisser refroidir. Si vous utilisez une poêle carrée, vous pouvez presser doucement l'omelette pour la rendre plus compacte et bien formée.
4. Découper le tamagoyaki en tranches de taille régulière et le servir comme plat principal avec une salade de tomates.

Mais encore ?
Vous pouvez ajouter des petits morceaux de saumon fumé dans les œufs battus pour une version particulièrement intéressante.

Et je sers ça avec quoi ?
Un riesling allemand, bien sec. Ou un thé Oolong glacé.

Et je sers ça avec quoi ?
Un Bordeaux Clairet, ce vin à mi-chemin entre un rouge léger et un rosé soutenu s'accorde bien avec l'acidité de la tomate sans l'écraser. Le *Château Penin - Bordeaux Clairet* est un excellent ambassadeur de cette famille.

Pour 6 personnes
Préparation : 20 minutes
1 pâte feuilletée pur beurre
4 à 5 tomates bien mûres (idéalement de variétés différentes pour plus de couleurs)
200 g de fromage frais nature ou de chèvre frais)
2 c. à s. de moutarde à l'ancienne
2 c. à s. d'huile d'olive
Sel, poivre
Quelques feuilles de basilic frais
Optionnel : olives noires, pignons de pin, ou parmesan râpé

Tarte froide à la tomate

On se complique parfois la vie inutilement quand on aime cuisiner. Alors que cette recette ultra-simple est délicieuse et appréciée de tous.

1. Préchauffer le four à 180 °C. Étaler la pâte dans un moule à tarte et en piquer le fond avec une fourchette. Faire cuire à blanc avec un poids (un deuxième moule de taille inférieure, ou des haricots secs par exemple) pendant 15-20 min jusqu'à ce qu'elle soit dorée sans avoir gonflé. Laisser refroidir complètement.
2. Mélanger le fromage frais avec la moutarde à l'ancienne, du sel et du poivre. Étaler ce mélange sur le fond de tarte refroidi. Couper les tomates en fines rondelles. Les disposer harmonieusement sur le fond de tarte. Arroser les tomates d'un filet d'huile d'olive. Saler, poivrer et ajouter quelques feuilles de basilic frais. Ajouter (facultatif) des olives noires, des pignons de pin grillés, ou quelques touches de pesto.
3. Placer la tarte au réfrigérateur pendant au moins 30 min avant de servir.

Mais encore ?
Si vos enfants sont encore petits, vous pouvez agrémenter ce repas de la fameuse blague qui consiste à dire « Y a Chlorène qui te cherche » jusqu'à ce que votre enfant rétorque « C'est qui Chlorène ? » … ceux dans la confidence entendront « c'est quiche lorraine ? » d'où cascade de rires.

Pour 4-6 personnes
Préparation : 20 minutes

600 g de bœuf haché
1 boîte de haricots rouges (400 g, rincés et égouttés)
1 boîte de tomates concassées (400 g)
1 poivron rouge coupé en dés
1 oignon coupé fin
2 gousses d'ail émincées
1 c. à s. de concentré de tomates
1 c. à c. de cumin moulu
1 c. à c. de paprika fumé
1 c. à c. de piment en poudre (ajustez selon vos goûts)
1 c. à c. d'origan séché
250 ml de bouillon de bœuf
2 c. à s. de ketchup (l'ingrédient secret !)
Huile d'olive
Sel, poivre
Quelques feuilles de coriandre fraîche (optionnel)

Chili 37.2

Nous sommes quelques-uns à avoir découvert le chili con carne dans le livre 37.2 le matin *de Philippe Djian, en 1985… Il y avait un dialogue qui montrait bien qu'on peut avoir, même en pleine canicule, envie de suer un bon coup en mangeant chaud et épicé. C'est le cas au Mexique, c'est aussi le cas dans le Maghreb ou l'on mange du couscous par n'importe quelle chaleur. Manger chaud peut aider à transpirer et à augmenter la température interne, ce qui a un effet thermorégulateur. C'est pour ça que les Berbères boivent du thé chaud dans le désert par exemple. Contre-intuitif mais efficace.*

1. Faire revenir les légumes dans de l'huile d'olive pendant 5 min. Ajouter le bœuf haché et le faire cuire à feu fort jusqu'à ce qu'il soit bien doré (important !). Assaisonner avec du sel, du poivre, le cumin, le paprika, le piment et l'origan. Mélanger bien. Incorporer les tomates concassées, le concentré de tomates et le bouillon de bœuf. Mélanger et laisser mijoter à feu doux pendant 30 min, en remuant de temps en temps. Ajouter les haricots rouges égouttés et laisser mijoter encore 20 min.
2. Goûter et ajuster l'assaisonnement si nécessaire. C'est le moment d'ajouter le ketchup et un peu plus de piment selon son goût. Servir bien chaud, parsemé de coriandre fraîche. Avec riz blanc, crème fraîche et guacamole.

Mais encore ?
Vous pouvez en préparer le double, c'est encore meilleur réchauffé le lendemain.

Et je sers ça avec quoi ?
Faites-vous plaisir : goûtez le fabuleux Gigondas *Château de Saint-Cosme* du légendaire Louis Barruol, qui a tant fait pour cette belle appellation, mais dont les autres vins, côtes-du-rhône blanc par exemple, sont aussi excellents.

Fromages

Et je sers ça avec quoi ?
Une bière blanche ou mieux une Hefe-Weizen de Munich telle que la Erdinger®, assez bien distribuée en France.

Pour 10 personnes
Préparation : 15 minutes
Réfrigération : 30 minutes

1 camembert bien mûr (ou 250 g de brie bien mûr)
100 g de fromage frais nature
50 g de beurre mou
1 petit oignon finement haché
2 c. à s. de bière blonde.
1 c. à s. de paprika doux
1 c. à c. de graines de carvi
Sel, poivre
Quelques brins de ciboulette fraîche ciselée

Obazda
(fromage à tartiner bavarois)

Le repas français traditionnel, c'est une entrée, un plat, et un plateau de fromages avant un dessert. Soyez un « contrarien » comme disent les Anglais en proposant plusieurs entrées et plats à partager et UN fromage en majesté. Un beau pont-l'évêque, un roquefort... ou cette originale composition allemande.

1. **Dans un mixeur :** mixer le camembert avec le beurre et le fromage frais jusqu'à obtenir une texture crémeuse. Incorporer le paprika, le carvi, une pincée de sel et de poivre et la bière blonde.
2. **Dans un bol :** intégrer l'oignon finement haché au mélange. Mélanger bien le tout jusqu'à obtenir une pâte homogène. Goûter et ajuster l'assaisonnement.
3. Laisser reposer au réfrigérateur pendant 30 min minimum.
4. Servir l'Obazda bien frais, parsemé de ciboulette fraîche. Accompagner de bretzels, pain complet ou pain de seigle et de radis frais tranchés finement.

Mais encore ?
Ce fromage à tartiner est servi dans les fêtes de village en Allemagne, notamment les fêtes de la bière, dont la célèbre Oktoberfest à Munich. Mais aussi dans les fêtes de village qui ont lieu tout au long de l'été. Il sera meilleur avec un pain aux céréales.

Pour 6 personnes
Préparation : 45 minutes
Réfrigération : au moins 2 heures (vous pouvez les faire la veille)

150 g de reblochon
600 ml de lait
½ c. à c. de noix de muscade moulue

3 œufs entiers + 4 jaunes
Quelques brins de ciboulette fraîche ciselée
Poivre du moulin

Petits flans frais
au reblochon

Ces petits flans frais apportent un côté cuisiné au moment du fromage et sont délicieux froids (pas trop quand même) ou tièdes. Ils permettent de profiter du reblochon l'été, c'est-à-dire lorsqu'il est le meilleur.

1. Préchauffer le four à 170 °C (th. 5/6). Faire chauffer le lait avec la muscade, la moitié du reblochon coupé en petits dés et quelques tours de moulin à poivre. Éteindre le feu lorsque le fromage est fondu, et laisser tiédir. Battre les œufs en omelette jusqu'à ce qu'ils moussent un peu et les mélanger avec le lait tiédi. Verser dans des ramequins individuels et ajouter un morceau de reblochon dans chacun.
2. Déposer les ramequins dans un grand plat partiellement rempli d'eau chaude et faire cuire au bain-marie pendant 25 min.
3. Sortir les ramequins, les laisser refroidir, et ajouter de la ciboulette ciselée avant de servir.

Mais encore ?
Le nom reblochon vient du verbe savoyard « reblocher », qui signifie « traire une deuxième fois » : au XIVe siècle, les fermiers savoyards devaient payer un impôt aux propriétaires des terres en fonction de la quantité de lait produite. Malins, ils effectuaient une première traite légère en présence du contrôleur, gardant ainsi une partie du lait pour eux. Une fois le contrôleur parti, ils procédaient à une deuxième traite — la « rebloche » — de lait plus crémeux, parfait pour fabriquer le délicieux reblochon !

Et je sers ça avec quoi ?
Il est toujours bien de privilégier un accord local (avec le reblochon, parce qu'un accord local avec la ciboulette n'aurait aucun sens) : un chignin-bergeron – *Les Cerisiers* – du domaine Fabien Trosset par exemple.

Pour 4 personnes
Préparation : 15 minutes
Réfrigération : au moins 5 heures (vous pouvez les faire la veille)

250 g de saint-nectaire
250 g de crème fraîche liquide
1 feuille de gélatine
3 tomates bien mûres
1 poivron rouge
1 c. à s. de sucre
1 c. à s. de vinaigre balsamique
1 c. à s. d'huile d'olive
Sel, poivre du moulin

Panna cotta (ma fredda !)
au saint-nectaire

Crème cuite (mais froide) en italien. Précision inutile, la panna cotta étant en général servie froide, mais c'est pour être sûr vu que nous sommes dans un livre caniculaire plus que littéraire.

Encore un fromage qui est meilleur l'été (comme le reblochon de la recette de la page précédente si vous ne lisez pas ce livre dans l'ordre).

1. Ramollir la feuille de gélatine dans de l'eau fraîche. Décroûter le fromage, le couper en dés et le faire fondre dans une casserole avec la crème. Mixer. Égoutter la gélatine et l'ajouter à la Préparation. Mixer encore une fois. Repartir dans des verres et laisser prendre au réfrigérateur 5 h minimum (le mieux est de les préparer la veille).

J'utilise un mixeur plongeant appelé « bras à soupe » dans certaines familles, en général celles qui font des salades « fouzitout ».

2. Éplucher les tomates et les poivrons et les couper en morceaux. Les faire cuire une dizaine de minutes avec un filet d'huile d'olive. Ajouter le vinaigre et de sucre et laisser compoter. Mixer finement.

3. Laisser refroidir et disposer en fine couche sur les pana cotta refroidies. Servir frais.

Mais encore ?
Le saint-nectaire est parfois surnommé le « fromage des dames » (à ne pas confondre évidemment avec le triste fromage d'Edam) : au XVIIe siècle, il était fabriqué par les femmes des fermiers auvergnats pendant qu'ils travaillaient aux champs. Ces dames s'occupaient aussi de l'affinage, processus délicat nécessitant patience et savoir-faire. On raconte qu'une partie du succès du saint-nectaire vient de cette touche féminine : un soin particulier apporté à chaque fromage. C'est pour ça qu'il faut vraiment acheter du bon saint-nectaire fermier.

Et je sers ça avec quoi ?

Un saint-péray blanc tel que celui des Vins de Vienne, qui sont au vin ce que les « supergroups » sont à la musique : Un supergroup est composé de membres déjà célèbres grâce à leur participation à d'autres groupes (comme les Traveling Wilburys dont les membres principaux étaient George Harrison, Bob Dylan, Jeff Lynne, Tom Petty et Roy Orbison...). Les vins de Vienne, c'est l'association de trois « rock stars » du Rhône : Gaillard, Villard et Cuilleron.

Desserts

Pour 6 personnes
Préparation : 20 minutes
Réfrigération : 2 heures

2 beaux melons
(3 s'ils sont petits)
5 pêches
2 sachets de sucre vanillé

2 citrons verts
Quelques feuilles
de verveine fraîche
(facultatif)

Soupe de pêche et melon

Je n'arrive pas à choisir ce que je préfère entre une pêche bien mûre et juteuse et un beau melon de Cavaillon. Du coup j'adore cette petite « salade de fruits best-of ».

1. Éplucher les pêches et les couper en morceaux.
2. Éplucher, couper en deux et épépiner les melons, puis les couper en morceaux. Mélanger avec les pêches.
3. Presser les citrons, laver et ciseler la verveine, et ajouter au fruit avec le sucre vanillé.
4. Mettre au frais 2 h avant de servir.

Mais encore ?
Les melons et les pêches sont en saison a peu près en même temps, avec un apogée en juillet et août. Pour la fin de l'été, privilégiez la pêche de vigne qui est un peu plus tardive et délicieuse en septembre.

Et je sers ça avec quoi ?
Un château de Lavernette *Granit Brut nature*, étonnant gamay effervescent. En vente sur Lindaboie.com, un site de ventes de vins très pointu où l'on ne trouve que des pépites.

Pour 6 personnes
Préparation : 1 heure
Réfrigération : 2 heures

500 g de brocciu
(ou de ricotta)
50 g de sucre
4 œufs

Le zeste d'1 citron bio
1 c. à s. de rhum
1 pincée de sel

Cheesecake façon fiadone

Le fiadone est un dessert corse traditionnel à base de brocciu, un fromage frais typique de l'île de beauté (la Corse !). C'est une sorte de cheesecake sans pâte, léger et parfumé au citron. Une soupe froide laitue-persil (voir page 20) et un fiadone, voilà un chouette repas d'été.

1. Préparer le brocciu : s'il est un peu humide, bien l'égoutter avant de l'écraser à la fourchette ou de le mixer légèrement pour le rendre plus crémeux.
2. Préchauffer le four à 180 °C. Dans un grand bol, battre les œufs avec le sucre jusqu'à ce que le mélange devienne mousseux et légèrement clair. Ajouter ensuite le brocciu écrasé, le zeste de citron et le rhum. Bien mélanger jusqu'à obtenir une pâte homogène. Beurrer un moule (idéalement un moule à manqué) et y verser la préparation. Enfourner 35 min. Le fiadone est prêt lorsqu'il est légèrement doré sur le dessus et qu'il a pris une consistance ferme mais encore légèrement souple au centre.
3. Laisser le fiadone refroidir à température ambiante, puis le placer au réfrigérateur pendant au moins 2 h avant de le servir.

Mais encore ?
Ça ressemble à un cheesecake, vous pouvez l'agrémenter d'un coulis de fruits, d'une salade d'orange…

Et je sers ça avec quoi ?
Un domaine des Bernardins – Muscat de Beaumes-de-Venise (vin doux naturel).

Et je sers ça avec quoi ?
Un petit sentiment de culpabilité.

Pour 1 personne
1 grand verre rempli aux ⅔ de Coca classique
2 boules de bonne glace à la vanille

Coke Float

Bon, j'ai presque honte de proposer cette « recette ».
Le food-truck (qu'on appelait « Chez Mario » et qui était plutôt une camionnette) de mon lycée, le lycée international de Saint-Germain-en-Laye, en proposait suite à l'insistance des petits Américains, et nous nous moquions d'eux. Et puis nous avons goûté. Et c'est devenu un plaisir coupable.
Il paraît que ça revient à la mode sur les réseaux sociaux.
Après une longue promenade ou un après-midi dans les vagues, permettez-vous ce « goûter liquide ».

Je vais mettre beaucoup d'étapes pour que ça fasse quand même recette.

1. Sortir la bouteille de Coca du réfrigérateur (vous pouvez également utiliser une canette). Ouvrir la bouteille en tournant le bouchon dans le sens inverse des aiguilles d'une montre.
2. Saisir le verre vide. Le remplir aux ⅔. Le poser.
3. Sortir la glace à la vanille du congélateur.
4. Ouvrir la glace. Se saisir d'une cuillère à glace. Façonner deux boules (pas trop grosses) de glace vanille.
5. Mettre ces boules dans le Coca.
6. Insérer une paille. Déguster sans attendre.

Mais encore ?
Je pense que c'est de là qu'est venue l'idée du « Vanilla Coke® ». Mais croyez-moi, c'est bien meilleur.

Pour 6 personnes
Préparation : 30 minutes
(+ le temps de laisser refroidir le riz)
225 g de riz à sushi (ou à risotto)
1 l de lait entier
1 gousse de vanille
1 étoile de badiane
100 g de sucre
3 belles fraises
1 kiwi
1 pêche
⅛ d'ananas

Bonus : Makis sont jolis

Je ne peux pas finir sur un Coke Float. Alors, à la manière des rappels dans les concerts, parce que je vous imagine bien en train de crier « une autre ! Une autre ! » voici une recette bonus, une dinguerie comme diraient mes enfants. Ces petits makis de riz au lait aux fruits sont à la fois frais, gourmands, et très jolis à voir.

1. Rincer le riz.
2. Mettre le riz égoutté, le lait, la badiane et la gousse de vanille fendue dans une casserole et faire cuire à petit feu jusqu'à absorption complète du lait parfumé (environ 30 min mais il faut surveiller). Ajouter le sucre et bien mélanger..
3. Laisser refroidir complètement, à température ambiante d'abord, au réfrigérateur ensuite.
4. Couper les fruits en tranches fines.
5. Confectionner des petites quenelles avec le riz froid pour former des sushis, et ajouter des tranches fines de fruits sur le dessus.

Mais encore ?
Voilà, c'est fini, comme dit Jean-Louis Aubert. J'espère que ce livre vous a plu. En pleine canicule, c'est une bonne nouvelle s'il a plu.

Et je sers ça avec quoi ?
Une grande fierté.

CANICULE